漫畫封神榜

下

許仲琳　原著
趙鵬工作室　編繪

新雅文化事業有限公司
www.sunya.com.hk

人物介紹

楊戩

玉鼎真人的弟子，奉命下山助師叔姜子牙。懂七十三般變化，有玄功護體。

雷震子

西伯侯姬昌收養的義子，自小跟從雲中子在終南山學道。背上有風雷二翅，手握千斤黃金棍。奉命下山幫助西伯侯伐商。

姜子牙

姓姜名尚，字子牙，號飛熊，所以又叫姜尚。元始天尊的弟子，原本在昆侖山玉虛宮修道，奉命下山輔佐西伯侯。

申公豹

元始天尊的弟子，姜子牙的師弟。嫉妒姜子牙，常與他鬥法。

哪吒

陳塘關總兵李靖的三兒子。後來獲師父太乙真人賜蓮花身軀重新活過來。奉命輔佐西伯侯和姜子牙伐商。

聞仲

商朝的太師，為朝廷南征北戰，
平定多地因不滿紂王而起兵叛
亂的諸侯。

土行孫

懼留孫的弟子，偷了師父的
仙丹和捆仙繩下山投奔商朝
陣營，後來轉投姜子牙陣營。

鄧嬋玉

商朝女將，將軍
鄧九公的女兒，
擅長刀法。

鄧九公

商朝的武將，後來
歸順西岐，曾許諾
將女兒鄧嬋玉嫁給
土行孫。

殷郊

紂王和姜王后的兒子，商朝的太子。
奉師父廣成子之命，下山輔佐姜子牙
伐商，後來改變主意。

懼留孫

土行孫的師父。

廣成子

殷郊的師父，在九仙山修道。元始天尊的弟子。

黃飛虎

武成王，商朝的武將。他的夫人和妹妹都被紂王害死，迫使他起來反抗，投奔西岐。

黃天化

黃飛虎的兒子，在紫陽洞跟從道德真君修道學藝，後來幫助姜子牙伐商。

袁洪

原本是白猿精，有七十二變玄功護體，生性貪財。

楊任

道德真君的弟子，眼中有手，
手中長眼，有神力。

姬發

姬昌的二兒子，姬昌死後繼承其爵位為西伯侯。在姜子牙和眾將領的輔佐下，討伐紂王，拯救天下。後來建立周朝，是為周武王，追封父親為周文王。

紂王

帝辛，商朝最後一代君主，又叫商紂王。貪戀美色，不理朝政，殺害忠良，濫施酷刑，迫使天下百姓和各路諸侯起來反抗。

女媧

又叫女媧娘娘，曾煉石補天，拯救了人類。因不滿紂王對自己無禮，命軒轅墳三妖前去迷惑紂王。

目錄

1 勇戰魔家將

聞
商
什麼？魯雄率兵進攻西岐，被姜子牙打敗，西岐卻連一兵一卒都沒有損失？
聞太師的軍營。
看來這姜子牙非泛泛之輩，一般人對付不了。
快快上報大王，命令佳夢關的魔家四將征討西岐叛賊！
魔家四將接旨後，即刻率領十萬大軍出征西岐。
魔禮海
魔禮青
魔禮紅
魔禮壽

西岐
武成王，這魔家四將是何方神聖？
這四兄弟可了不得，可謂天下無敵啊！
哦？這麼厲害啊？
他們曾隨我南征北戰，從未打過敗仗。老大魔禮海，一桿長槍萬夫莫敵，法寶碧玉琵琶彈奏起來可令千軍頭暈目眩。老二魔禮青，掌中一把青鋒寶劍，施起法來鋒芒萬丈，可傷百人！
老三魔禮紅，武藝高強，另有法寶混元珠傘，轉起來能將天地萬物吸進去。老四魔禮壽，勇冠三軍，手持紫金花狐貂，放出來可大如白象，兇殘無比，吞噬生靈。

哎呀！他們如此厲害，我們可得千萬小心啊！
師叔，不怕，我一定叫他們變成四隻縮頭烏龜灰溜溜敗走！
哪吒，不可輕敵啊！
報——魔家四將前來挑戰！
眾將領，隨我出城迎戰！
姜子牙老頭，膽敢造反，還不快點乖乖投降！

將軍此言差矣。我西岐安居樂業，從未侵擾他國，是朝廷先派兵征討我領地，我們才奮起還擊的。
北伯侯崇侯虎的事，你怎麼說？
崇侯虎作惡多端，人人得而誅之，我們是替天行道！
簡直是一派胡言，兄弟們，給我拿下這嘴硬的老頭兒！

鐺
鐺
呼
鐺

這幾個大塊頭的武功還真是厲害。
嗖——
呼
收！
魔禮紅打開混元珠傘，收走了哪吒的乾坤圈。

魔禮海彈起碧玉琵琶，西岐將士瞬間頭暈目眩。
嚓啷
哎呀，頭好暈啊！
嚓啷
嗖——
魔禮青舞起青鋒寶劍，頓時四面八方劍鋒四射。

魔禮壽放出紫金花狐貂，咬死很多西岐兵將。
哈哈！該我大顯神通了！
唰——

孽畜！
休傷我
兵將！
收！
啊！打神鞭
都能收！
姜子牙，你的
死期到了！
魔家兄弟，休
得猖狂，我來
會會你們！

楊戩
鐺
鐺
哎呀，好厲害！
乖乖受死吧——
鐺

大家快退回城裏！
姜師叔，快快帶兵回城，這裏有我！
鐺
砰
好厲害的傢伙，對付他還得用紫金花狐貂！

丞相，那位三眼戰將被魔家將的怪獸吞下肚子了。
唉，他是為掩護我們才送的性命啊！剛才他喊我師叔，必定是哪位師兄的高徒啊！可惜，可惜了！
接下來一連數天，姜子牙都閉門不出戰。魔家將多次下令攻城，但西岐城高磚厚，商軍遲遲攻打不下。

大哥，西岐拖延戰期，對我軍不利啊！
是啊，到時糧草供應不上，就麻煩了。
哥哥們不要憂愁，我有一個辦法。
快講！
擒賊先擒王，這西岐要是沒有了姬發和姜子牙，就作鳥獸散了。今夜，我放紫金花狐貂入城去，待他們睡熟後吃到肚子裏不就得了？
魔
寶貝，等你的好消息了。

嗚嗚
嗚
嗚......
紫金花狐貂一入西岐，便滿地翻滾起來。
砰
本將軍有玄功護體，哪是你這孽畜能消化的！
丞相府

師叔，總是閉門不打，也不是辦法啊！
你不可衝動啊！
丞相，這位將軍求見。
這麼晚又是哪個來了？
砰砰
弟子楊戩（粵音展），見過姜師叔、哪吒師兄。
啊！怎麼是你？
你不是被那個怪獸吞下肚子了嗎？
在下有玄功護體，牠傷不了我。

現在那孽畜在這兒！
你把怪獸打死了，太好了！
砰
這怪物傷我兵將眾多，如今你除掉此怪，是為西岐立了一大功啊！
師叔過獎了。
噢，你叫我師叔，那你師父是誰啊？
弟子是玉鼎真人的門下。這次就是奉師父之命下山來助師叔一臂之力的。
好，好啊！玉鼎師兄門下有如此高徒，是我們的幸事啊！
師叔，弟子還要返回商軍大營。
哦，這是為什麼？

魔家四兄弟的厲害之處，全仰仗那些法寶，弟子得把法寶都偷過來。
話是沒錯，但你如何混進商軍大營呢？
弟子可以變成這怪獸模樣，等他們睡熟再出來盜寶。
什麼？你還會變化？
是啊，師兄請看！
姜師叔、哪吒師兄，我會七十三般變化，混進商軍大營易如反掌。我先走一步，明日等我好消息吧！
砰
嗖——

七十三般變化，好厲害呀！
魔
大事辦成了沒有？
大哥，西伯侯和姜子牙一死，明日西岐肯定大亂啊！
哈哈哈！睡個好覺，養足精神，天一亮便剷平西岐。
呼——呼呼呼呼
商
太好了，魔家四將都已經睡死了。

楊戩偷偷變回原形，拿走了混元珠傘和碧玉琵琶。
這時黃天化正在山上修煉，練習雙錘。
天化，武藝又精進不少啊！
道德真君
師父，我還沒使出全力呢！
天化，現在是你下山建功立業的時候了！

現在魔家四將圍困西岐，你下山助你姜師叔退敵去吧！
真的？師父准我下山啦！
道德真君將玉麒麟賜給黃天化當坐騎，還把法寶穿心釘送給了他。
我的混元珠傘不見了！
昨晚睡覺時還在這裏的！去哪兒了？
營外一個自稱黃天化的說來取四位將軍的性命！
哪兒來的狂妄小子！

魔家四將，有種出來跟我較量較量！
哪兒冒出來的臭小子，敢來這裏搗事！
鏘
看我的穿心釘！
這魔家將果然厲害！還得用穿心釘取他性命，不然等他拿出法寶就不好打了。

哎呀！
三弟啊！
可恨的臭小子，敢殺我三弟，嘗嘗我的法寶——
哎喲！這小子出手太快了！
小子，拿你命來償我兄弟的命！
鐺
老四，我的法寶沒了，快放你的紫金花狐貂！

啊——孽畜，你六親不認了！
咔
哈哈，我和你六親不沾啊！那孽畜是我變的！
砰！
嚓

鐺
可惡！我現在沒了法寶，敵不過他們，還是走為上，從長計議。
啊！

兄弟，這變化的本事還真是了得！我叫黃天化，閣下怎麼稱呼？
在下玉鼎真人門下楊戩。兄弟過獎了，我只是出了綿薄之力，消滅魔家四將都是兄弟你的功勞。
敢問兄弟在哪座仙山修煉？年紀輕輕就修得如此高強功力。
在下是道德真君門下的大弟子。
兄弟初來此地，就為西岐立一大功，實在是可喜可賀呀！
你、你是天化嗎？
爹！是我！
黃飛虎

我的兒子啊，幾年不見，你長大了，本領也更強了。
武成王過獎，我做的事微不足道，首功還是得歸天化兄弟。
楊戩，幸好有你裏應外合，才能助天化殺了魔家四將。
哈哈哈！你二人都是居功至偉啊，走，回城慶功去！
西岐大擺宴席，為楊戩、黃天化慶功。

2 聞太師征西

佳夢關魔家四將戰敗的消息傳到了聞太師那裏。
聞仲
連魔家四兄弟都戰死了，我真是小看了西岐啊！
不行，我必須親自征討西岐，不然會釀成大患啊！
聞
傳令下去，三軍集合，明日發兵西岐，征討叛賊！
聞太師點起三十萬兵將出征西岐。

太師看起來不安的樣子，是有什麼心事嗎？
辛環
絕龍嶺
啊！絕——龍——嶺——
我在碧游宮修道學藝的時候，師父金靈聖母說，我這一生不得逢「絕」字。今天看到這個字，多少有些不快。
碧游宮
鄧忠
嘿！太師，我看你是多慮了。
但願吧！唉！

大家隨我到城牆上看看去。
呀，聞太師居然親自征討我西岐了。
聞
成王，素聞太師善於用兵，今天一看，果然名不虛傳啊！
叫姜子牙和黃飛虎出來見我！
丞相不必憂心，那魔家四將不都敗在我們手下了嗎？

卑職姜尚，見過聞太師。兩軍陣前，不能全禮，望太師見諒。
周
姜丞相，你是昆侖名士，怎麼也能做出自立為王、收納叛將的荒唐事？
聞太師此言差矣。西伯侯姬昌仙去，其子姬發襲父爵位，有何不可？
成湯自滅綱紀，殘殺忠臣，迫走大將，我們為何不能收留？

唉！你我雖同為道門中人，但看來還是志向不同啊！
叛賊黃飛虎何在？速速出來見我！
太師，多年沒見了。我家當年被那昏君害得家破人亡，太師不在朝歌，我是有冤無處申哪！
哼！無論怎樣，你現在已經做出殺死朝廷命官的反叛行為，實難恕罪。來人，給我拿下這名叛賊！
武成王，鄧忠前來討教！

鐺
鐺
姜丞相，你我不是同路人，各為其主，休怪我不講情面了。
來來來，看看誰的錘厲害！

呼
鐺
砰！
聞仲老頭兒！我來會會你！
丞相，傷到哪裏了？
不要緊，只是右臂有些疼。

鐺
哎呀！這老頭兒好厲害啊！
老頭，休得傷我三弟！老三，我們來幫你！
金吒
呼
木吒
鐺
鐺
西岐戰將眾多，個個身手不凡。我不宜戀戰，要速戰速決！
鐺

金鞭化金龍
咔
咔
不要傷我師兄！楊戩前來戰你！

呼
嗖
砰
西岐竟有如此神人，難怪魔家四將會敗。
砰
聞太師，嘗嘗我打神鞭的厲害！
呼

可惡！竟然中了姜子牙那老頭兒的計了。
西岐
雙方廝殺半天，各有損傷，難分勝負，各自收兵了。
沒錯，你想說什麼？
師叔，今日一戰雙方都傷了元氣。
所以，聞太師一定不會想到今夜我們會去劫營。
話雖如此，但你們經過這一戰，也都精疲力竭了，哪有精力再去劫營啊？

弟子不才，因有玄功護體，剛才一戰沒費什麼體力，可帶一軍劫營。
哎呀呀，楊師兄真是讓人羡慕，有神功護體，怎麼打都打不累啊！
羡慕呀？要怪就怪你自己學藝不精。
不是還有我嗎？
楊戩也只是機緣巧合，多學了那麼一點點，兩位師兄就不要取笑我了。
可是，只有你帶一隊人馬劫營不夠啊，其他將領非傷即疲——
雷震子，不許胡鬧！
誰胡鬧了？

你是當今侯爺的兄弟，有個閃失我擔待不起。
我學一身本事，就是為了幫王兄，可不是花拳繡腿！
雷震子說得對！
王兄來了！
西岐有危難，人人都該出力，不能論出身高下。
就是，人家為了學本事都變醜了，還不叫人家打仗。
好了，好了，准你領兵便是。
太好了！

當夜……
師兄，我先去找他們的糧倉，你等我訊號再出手。
好！小心！
糧倉
找到了，在這裏！
砰！

砰
將士們，
隨我衝進
大營！
啪
不、不好了，
周、周兵殺進
大營了！

嘿嘿，你站得再高
也沒用，本王爺有
翅膀喲！
殺
太、太師，不
好了，西岐兵
將劫營了！
辛環，快
快帶領人
馬迎敵！

我倆都會飛，那就我倆打，你別去欺負那些不會飛的。
砰
商軍已經亂成一團了，看我的手段！
呼

楊戩吐出三昧真火，點着了糧倉。
轟
轟
不好了，糧倉着火了！快去救火啊！
風來！

呼
呼
呼
啊！怎麼
又是他！
砰
變
啪

呼
咔
哎呀！
砰！
辛環！
糟了，火勢越來越大，又有強敵在前，沒法兒撲滅啊！
呼
呼呼呼

唉！糧草都被燒了，這仗沒法打了。
一場大火燒得商湯三十萬人馬大敗。
聞
唉，沒想到一把大火，三十萬大軍只剩不到兩萬了啊！
哼！那西岐還不是仗着軍中有高人！
太師也是修道高人，怎麼不去請些能人、異士助我大軍啊！
對呀，我怎麼沒想到！真是老糊塗了。

鄧忠，你留守此地，切不可輕舉妄動，我去去就來！
東海金鰲島。
那姜子牙現在做了西岐的丞相，就不把我們這些人放在眼裏了。

哼，這姜子牙竟然如此狂妄！
是啊！他還説，那些修道的識相的，就來我這兒打打下手；要是不識相，去幫着商軍，叫他們有去無回！
對，看看誰的手段高！
哼！我們就是要助商軍，和他鬥鬥！
兄弟説得有理啊！
我打探到朝廷聞太師正在尋找幫手，就快到這兒了。
哦，那我們想到一塊兒啦！
各位兄弟先去幫助聞太師，我再去聯合一些兄弟對付那姜子牙。

還費什麼勁兒啊？我們一出山，姜子牙就得玩完了。
正是聞仲，各位兄弟別來無恙啊？
看，有人來了。
來人可是聞太師？
沒錯。叫你下來是有事和你商量。我們想幫你打姜子牙，你願不願意？
哎呀，我來正是想請幾位出山相助的。
姜子牙師弟申公豹讓我們在此靜候聞太師。

好嘛，這倆師兄弟真是對冤家啊！
你表個態，願不願意？
當然願意，正求之不得呢！
聞太師又請了幾位高人，一共十位，帶着他們向西岐飛去。
西岐
丞相，有位道士求見。
哦，是哪位高人？
就是我！東海金鰲島的袁天君。
袁師兄真是稀客呀，來找我有什麼事啊？

找你比試比試！
什麼？
明白，聽師兄意思是非打不可了。怎麼個比法？
再說白點，你幫西岐奪天下，我們助商湯保天下，明白了？
我們擺了十個陣，你派人來破。走，上城牆看看！
請看！
是傳說中的十絕陣！
寒冰陣
化血陣
烈焰陣
金光陣
風

3 大破十絕陣

西岐丞相府內，眾人在商議如何破「十絕陣」，姜子牙一籌莫展。
師兄不可輕敵啊！
師叔，您別愁，我們出城先打一仗，說不定那些陣中看不中用，一下就破了。
楊戩說的是，擺陣的十個陣主都是修行了幾十年的得道高人，貿然闖陣太危險！
唉，這也不行，那也不行。我回去睡覺了，反正待在這裏也是乾瞪眼。
師兄！
哪吒說得對，我們這樣就是想一年，也想不出破陣方法啊！

師叔，要破「十絕陣」，非得我道門中的高人不可。弟子願去三山五嶽請高人出山。
這是個辦法，好！
嗖——
師兄去哪兒？
請高人來破陣！
還要請高人？我就不信西岐沒人能破那邪陣！
喂，哪吒，一個人在這兒嘟囔什麼呢？
薛惡虎
韓毒龍
唉，不瞞兩位將軍，丞相已經為破陣愁得幾天吃不下飯了，我們幾個出城破他兩個陣，給丞相分憂怎樣？

這些不安分的孩子啊，只會胡來，這樣會出大事的！
什麼？哪吒他們私自闖陣去了？
丞相，哪吒受傷了！
師叔，韓毒龍、薛惡虎戰死了，都是我害的！
現在，只能等着楊戩了。這也是沒辦法的辦法啊！
哼，你要不是蓮花身，也有去無回！
幾日後……
西岐

哎呀，連燃燈
師伯都來了！
燃燈道長
興周伐商，是天
下大勢所趨，你
遇到難處，我等
自當相助！
懼留孫
子牙，我早就按捺不
住了，我這就先去破
他一陣！
懼留孫你真是急
性子啊！你打先鋒
再合適不過，但要
多加小心呀！

寒
地烈陣
趙天君
西岐真是無人可用了，前幾天戰死兩個後，都嚇成縮頭烏龜啦！
烈
少在這兒猖狂，誰說西岐無人！
西岐城外，鎮守「地烈陣」的是趙天君。
有種進陣來！
咔
咔
看我的法力！
呼
趙天君施展法力，瞬間天上地下雷火齊發。

這等雕蟲小技，
也想傷我？
咔
咔
咔
咔
看我的捆仙繩！
嗖
砰！
黃巾力士
出陣！

黃巾力士將趙天君打死了。
天絕陣
啊！不好！「地烈陣」居然被他破了！
秦天君
你還是先顧好自己吧！看我文殊廣法天尊來破你的陣！
文殊廣法天尊
哼！看你有沒有這個本事！跟我進「天絕陣」玩玩吧！

「天絕陣」中風雨雷電齊齊劈向文殊廣法天尊。
咔
咔
砰
砰
砰
砰
轟！
啊！
嗖
今天，我要開殺戒了！看劍！

秦天君死了，「天絕陣」失守。
呼
方弼
呼
呼
董天君將西岐的方弼和慈航道人困在自己的「風吼陣」中。
慈航道人
方將軍小心！
呼
咦，這老頭兒怎麼沒被吸進去？他身上一定有避風的法寶。這樣下去是贏不了的，乾脆從背後給他來一劍！
呼
呼
唉，方將軍，你為何非要和我一起闖這「風吼陣」啊？我要不是有「定風珠」在身，也是性命難保啊！可憐你搭上了一條性命啊！
呼
董天君

來得好，我就
等你現身呢！
收！
啊！
我也是險
勝啊。
不知道普賢真
人可否破了那
「寒冰陣」？

袁天君鎮守的「寒冰陣」實為萬丈刀山，上有冰山如狼牙，下有冰塊如刀劍。
寒冰陣
普賢真人
砰
砰
砰
哼，就算你有金剛不壞之身，也撐不了多久！
不要猖狂，你的陣馬上就要破了！

火焰咒！
呼
呼
呼
看火箭！
啊！變烤
肉了！

金光聖母的「金光陣」中有二十一面寶鏡，若有人入陣，則金光射出，立刻化為膿血。
廣成子
金光聖母，我勸你還是認輸吧！
金光聖母
廢話少說，看我如何取你性命！
我的兩件法寶可是你這「金光陣」的剋星啊！
放！

哈！
啪
啪
你的金光射不穿我的八卦紫縷衣！
啪
原來是一隻縮頭烏龜！
看我的番天印！
砰
砰
砰
砰

啊！好厲害
的法寶。
罷了，罷了，
我輸了。
哪吒的師父太乙真人進
了孫天君的「化血陣」。
服不服？還
要打嗎？
孫天君
哈哈哈！沾
上了我的黑
沙，馬上就
會變成一攤
血水！
化血陣
呼
如此惡毒的陣
法，你居然想
得出來！
怎麼回
事？我的黑
沙竟穿不透
他的雲朵！

打不過快逃！
今日絕不容你這等歹毒之徒活在世上！九龍神火罩！
呼
呼
哎呀，燒死我了！
呼
呼
什麼？六個陣都被破了！

我三十萬大軍征西，打打停停三年，兵將損失眾多，如今又有這麼多兄弟喪命，唉，看來我成湯氣數將盡哪！
太師，不要喪氣，勝敗是兵家常事嘛！
我倒是覺得應該盡快撤兵，剩下的那幾個陣估計擋不住西岐的兵馬。
嗯，你說得有道理。先回朝歌，從長計議。
聞
聞太師帶領軍隊，火速撤兵。
太師，剩下的四個陣也被破了！
殺呀，不要叫聞仲老頭兒跑了！

太師快跑，
我來斷後！
啊——這麼快！
兄弟們，
殺啊！
哪裏走！

砰
砰
想跑？沒門兒！
嗖——
咔
楊戩放出哮天犬直撲聞太師。

哎呀，我的腳！糟糕，這下駕不了雲了。
咔
太師，您騎我的馬快走！
砰
噠
噠
噠
噠

赤精子舉起陰陽鏡，霎時金光四射。
赤精子
聞太師，赤精子在此等候多時了。
咔
啊，我看不見啦！太師，小心！
我們擋住他，太師快走！

太師，還有一百
一十里地，就到
青龍關了。
哦，總算
可以鬆口
氣了。
砰！
不好，有
伏兵！
聞太師一路辛
苦了，姜丞相
派我在此恭候
多時了！

太師不要管
我，快走！
聞太師，今天你
是走不了了！
太師今日一敗，
把幾十年的英名都
毀了，還有什麼顏
面回朝歌？不如歸
順我西岐吧！
你這個釣魚的
老頭兒！
看我來取
你老命！
噠
噠
噠

雲中子
聞太師，你現在已經是走投無路，不要做無謂抵抗了！
砰
絕龍嶺
原來這裏就是絕龍嶺啊！
咔
好，那你就給我陪葬吧！

火龍陣！
轟！
呼
呼
呼
咔
避火訣！
咔

看我的法寶，中！
砰
不妙，避火訣被破了，我要沒命了！
轟！
啊！
太師聞仲之墓
聞太師戰死，西岐大勝。姜子牙對聞太師非常敬重，將他厚葬在絕龍嶺了。

4 土行孫歸降

啦啦啦！
土行孫
嘻嘻嘻，一大早就有這等口福，太棒了！
哇！好香的蜂蜜，誰存的？
不許動我的蜂蜜！

啪
砰
大笨熊，我在這裏呢！
砰
好厲害的土遁術！

你是誰？能騰雲駕霧的，看起來道行不淺嘛！
哈哈哈！那是，我是昆侖山的仙人——申公豹。
小兄弟的土遁術很厲害啊，怎麼稱呼？
我叫土行孫，師從懼留孫。
原來是懼留孫的高徒啊！
鄧九公
鄧
你這麼大本事，應該下山建功立業啊！現在朝廷大將鄧九公出征西岐，正是用人之際，你可以去投奔他。

我和他是好朋友，可幫你引薦。
在申公豹的授意下，土行孫偷了師父懼留孫的仙丹和捆仙繩，偷偷下山去了。
説得對，我這麼大的本事，不能荒廢了！
飛龍洞
天兵到此，還不快快投降！
西岐
鄧

什麼天兵，看本少爺打得你們喊救命！
黃毛小兒口出狂言！看本帥收拾你！
鐺
看乾坤圈！
哎呀！
砰
還以為有多厲害，不怎麼樣嘛！

鄧九公首戰即傷，大敗而歸。
有膽的隨我來，給我父帥報仇！
鄧嬋玉
女兒，要小心啊！
叫哪吒出來受死！
岐西
是哪個不知天高地厚的要挑戰本少爺？
就是你傷了我父親！

本少爺不打女流之輩，你回去吧！
你還敢瞧不起人！接招！
嘿呀，好毒辣的刀法！
鐺
鐺
鐺
鐺
鐺
鐺
鐺
中！
我早就說不跟你打啦，打兩下就跑！
嗖
砰

臭小子，讓你
瞧不起人！
潑婦，敢傷我
師兄！叫你嘗
嘗我黃天化雙
錘的厲害！
嗖——
黃毛小子，敢罵
我潑婦，找打！
哎呀！
砰
西岐城。
看來那女子不一般
哪！你倆輕敵了。

龍鬚虎
師父，那女子的絕技是暗中飛石，弟子的看家本領正好剋她！
對啊，你不是能雙手發出磨盤大的石頭嗎？
那弟子就去戰她，為兩位師兄報仇！
師叔，龍師兄雖力大無窮，卻心機不足，我去為他壓陣！
好，還是你想得周到。
轟
轟
轟
哎呀！
鄧嬋玉，我來戰你！

砰
砰
砰
哪裏逃！
砰
哼！原來是隻跛腳龍。
跛腳龍，借你石頭用用！
呼
砰
不得傷我師兄！

又一個來
找打的，
看招！
哮天犬，
給我咬！
嗖——
啊！
啊！
咔
讓我來試試！
商軍大營。
唉，大帥
父女的傷，
我們這些凡
醫都治不
好啊！

你？你不是
押糧草的那個
小矮子嗎？
哼，真是
狗眼看人
低！
我有仙丹！
土行孫的仙丹果然靈驗，鄧九公父女喝下以後，傷馬上就好了。
起初，我看你是
申公豹推薦的，
怕是靠熟人，沒
有真本事。真是
怠慢壯士了！
這可不是
兒戲啊！
我願立軍
令狀！
用仙丹治好大帥父女的
傷，算不得什麼本事。
看我去給大帥抓來幾員
西岐大將！

西岐地界。
商軍真是沒人了，叫一個小不點來打仗。
哼！少瞧不起人，看小爺好好收拾你！
嘿，小不點的嘴還很硬！
小爺在這兒呢！
嗖——
砰

砰
小爺在這兒呢！
啊！人不見了？
着捆仙繩！
唰
商
把這個叛將關起來！

恭喜將軍旗
開得勝啊！
聽說哪吒被擒，黃天化出城迎戰土行孫。
不料，也被土行孫的捆仙繩捉了去。
砰
這算什麼，明天我
把姬發和姜子牙都
給大帥抓來！
將軍要能立此
大功，我就將
女兒嬋玉許配
給你！
大帥此話
當真？
那是當然，
絕不反悔！

岐西
姬發，姜子牙，出來和我打一仗！
哼，我家侯爺和丞相哪是你想見就能見的！
討厭的三眼怪，想壞我好事啊！
呼
砰
土行孫放出捆仙繩綁楊戩，不料綁住的是塊大石頭！

啊！
哮天犬，給我上！
嗖
砰
砰
砰
砰
此人竟有這種本事，我們可得倍加小心才是啊！
土行孫打不過楊戬，施展土遁術溜了。

西岐還有不怕捆仙繩的高人，不好辦啊！
商
有了，我不是會土遁嗎？乾脆深夜潛到西岐，殺了姬發不就得了？
當晚……
哈哈哈！姬發的腦袋還不是手到擒來！

哎喲，姬發的妻
子這麼漂亮啊！
啊——救命！
殺人啦！
你跟我走，我
就不殺你。
我只是一個
柔弱女子，請英
雄不要殺我！
不緊點就讓
你跑掉了！
哎呀，你抓
得太緊了，
輕點。
砰
哈哈，睜
開你的眼
看看，我
是誰！

啊？姬發是草人變的！中計了！
想這麼容易抓住我？沒門兒！我就不信你不怕癢，撓死你！
哎喲，哎喲！好癢好癢啊！
呯
哎呀！不好，讓他逃了！

哎呀！
好疼！
砰
咦？這個土地怎麼變得像鐵一樣硬啊？哎呀，撞死我了！
砰
大膽孽徒，竟敢偷了我的仙丹和捆仙繩，來這裏作亂！
砰
這下完啦，師父來了。

哼！有捆仙繩，看你怎麼往地下鑽！
姜師弟，這孽徒就隨你處置了。
好，拉下去斬了！
師叔饒命啊！
哼，你還想殺侯爺和我，我怎麼能饒你？
弟子錯了，我都是受了申公豹的蠱惑，才投奔鄧九公的。
又是申公豹做的好事！

弟子願意歸順，將功贖罪，興周伐商！
你嘴皮子一碰倒輕鬆得很，你懂為什麼興周伐商嗎？
姜子牙和懼留孫就將天下大勢和利害關係講給土行孫聽。
你們給我一講，不就明白了。
哎呀，這下弟子才算明白了，以前真做錯了。
明白就好。歡迎你加入我們西岐。
師父，這下您可以放了我吧？

第二天，土行孫隨姜子牙一起大破商軍。
土行孫，你這個叛徒！
大帥，我只是背叛了朝廷，您可是背叛了天下人啊！
他說得有道理啊！鄧老將軍該醒悟了。
哦，這不是武成王嘛？

快給她鬆綁，
這是我妻子！
誰是你
妻子！
大帥，你
說的話還
算數不？
你背叛了我，捉
了我父女，還有
臉說這事！
砰
你這個小矮子，
少爺來報仇了！

師兄不要打了，
都是自己人。
自己人？
他歸順西
岐了？
那也得教
訓一頓！
哈哈
哈哈
哈！
鄧九公在黃飛虎的苦心勸說下，也歸順了西岐。
嬋玉，大家都在為西
岐效力，就是一家人
了，嫁給我吧！
我才不要，
別纏着我！

5 羣英戰殷郊

九仙山，廣成子修道處。
殷郊——
殷郊
弟子見過師尊。
殷郊啊，你可還記得怎麼上山來的？
當年我父王聽信妲己讒言，處死我母后姜皇后。要不是武成王放我一馬，師尊您將我救上山，徒兒早就死了。

記得就好。
你已練就一身好本領，正是捉妲己為母報仇的好時機。你願意輔佐姜子牙，興周伐商嗎？
為母報仇，弟子怎能不去！我當然願意。
好！可你必須一心輔佐西岐，全力興義師，不得半途而廢。
弟子下山，一定全心幫助西岐，如違誓言，雷劈電擊，萬劫不復！
你要是真有此決心，我就放心了。好吧，你先去桃源洞外的獅子崖下尋了兵器來，我再傳你些本領。

獅子崖
這裏哪有什麼兵器啊？
咦，這裏有個洞。
什麼好東西，這麼香？

咔
哎呀，這是怎麼回事？
咔
咔
轟
哈哈哈！妙！妙！
就在殷郊錯愕的時候，他已經變成了一個青面獠牙、三頭六臂的怪人。
為師是為你高興啊，可沒取笑你的意思。不信你比畫兩下！
師父，我都變成這模樣了，您還取笑我？

變身後的殷郊功力大增。廣成子將法寶方天畫戟、雌雄雙劍、番天印和落魂鐘都給了他，殷郊興高采烈地下山了。
噠
噠
噠
看此人仙風道骨，一定不是普通人。
這位前輩，從何而來？
我是昆侖山的申公豹，敢問閣下大名？

我是九仙山廣成子的弟子殷郊，奉師父之命，正要前往西岐輔佐師叔姜子牙。
殷郊？不就是當朝的太子？
不錯，正是在下。
哼！真是胡鬧，你身為太子，怎能去討伐自己的父王？這不是忤逆嗎！
我父王早已失民心，西岐姬發、姜子牙施仁德於天下，我理當輔佐他們。
你一身好本事，且有無敵法寶，為何要去輔佐別人？
啊？我沒有想過……
要是幫了你父王，他死後，天下自然就是你的。

有道理啊！等我做了天下之主，殺妲己為母后報仇，還不是易如反掌？
殷郊拿定了主意，前去投奔正在征討西岐的大帥張山。
叫姜子牙出來答話！
周
想和我師叔對話，先問問我的槍！
嗖——
殷郊打出番天印。

砰
黃天化在此，休要傷我師兄！
殷郊搖起落魂鐘。
哎呀，頭好暈啊！
鐺
鐺
鐺
砰

何方妖孽？
別傷我兒！
鐺
鐺
砰
頭好暈
啊！
此人法寶眾
多，今天不
宜久戰。
退兵！
哈哈哈！西
岐兵將，徒
有虛名啊！
商

把抓住的西岐將領帶上來！
報上名來！
哼！
喂，太子殿下問你話呢！
太子殿下？莫非是殷郊？多年沒見，怎麼變成了這般模樣？
你認識我？你是？
啊——想起來了，是武成王吧？

當年要是沒有武成王挺身相救，我早就死了。
這位小將軍是……
是在下的長子黃天化。
殷郊馬上為黃飛虎父子鬆綁。
多謝殿下放過我父子。
現在你我是各為其主，刀劍無眼，下次相遇恕難手下留情了。
理解！
救命之恩今天算是還給他了。日後戰場相見就不會有所顧忌了。

西岐。
這麼說，把你們綁去的是當年武成王救下的太子殷郊？
唉，沒想到，當年那昏君殺了他母親姜王后，還要殺他。如今他卻回來幫他父王殘害天下！
這有什麼辦法？人家是兩父子呢！
殷郊手中的法寶確實厲害，現在是無人可破啊！
師叔，我看他的一個法寶像是廣成子師叔的番天印，不如我去向師叔問個明白。
好！你速去速回！

可惡！我叫他輔佐子牙，沒想到竟然出爾反爾，唉！
我這就隨你回西岐。
楊戩，萬一那傢伙不聽我勸，難免一戰。説實話，我那些法寶可厲害了，我都怕。
連師叔都對付不了，那可怎麼辦？
你去找燃燈師伯，他的杏黃旗可治番天印。還有玄都大法師的離地焰光旗、西方準提道人的青蓮寶色旗和素色雲界旗，也是我番天印的剋星。你速去借，以備不時之需。

商
是哪個不要命的來挑戰了？
是我這個不要命的！
哎呀，不知師尊駕到，冒犯了。弟子身穿盔甲，不能施全禮了。
你這傢伙！下山前許下的誓言，你忘記了嗎？
師尊，這世上哪有兒子打父親的道理啊！
再說，等我繼了位，我一可以殺妲己為母后報仇，二可以好好治理天下啊！

我説怎麼回事，原來是想着日後的榮華富貴啊！是誰給你灌的迷魂湯？
殷郊，現在天下十之八九都反了你父王，等不到你繼位，大商朝就已經亡了！
哼！
師尊不必多言了，我心意已決，請回吧！
孽徒，今天我要清理門戶！
師尊，不要迫徒兒和您動手！
鐺

再不悔悟，
會應了自己
發的毒誓！
少嚇唬我！
讓你也嘗
嘗番天印
的厲害！
廣成子化作一道金光，逃過了一劫。
西岐
這個孽徒，
竟然用番天
印打我！

他現在有恃無恐，誰不敢打啊！
師叔，四面旗子都借來了。
太好了！
有了這幾面旗子，就不怕番天印了。那落魂鐘威力有限，不必擔心。
可是殷郊還有雌雄雙劍、方天畫戟，想除掉他也不容易。
大家聽我安排，不可輕舉妄動。

好，今晚我們兵分四路！
都聽師叔的安排！
深夜，西岐城所有猛將依計衝進了商軍大營。
轟轟
鄧九公斬了張山。

哎呀，西岐的猛將太多，三頭六臂都應付不過來了。
鐺
鐺
鐺
殷郊搖動落魂鐘，乘機逃走。

等我進了五關就安全了，到時再請父王給我搬兵。
殷郊，速速投降，現在還來得及！
燃燈道長
我可以向你師父求情，免了你的雷劈電擊之刑。
嗖——
真是冥頑不化！
呼

啪
你已經落入
天羅地網，
跑不掉了！
此路不通！
轟
隆隆

嗖
砰
轟
殷郊，還不
快快受死！

姜老頭看招！
呼
嗖——
砰
馬兒快跑！
前面沒路了，殷郊逃不了！
不要放走他！

糟糕！戰馬都累癱了。怎麼辦？
番天印給我開出一條路來！
轟
哎呀，打開的山路怎麼突然合起來了！
咔
救命，救命！

唉，殷郊啊殷郊，這都是你執迷不悟，咎由自取啊！
師尊，我錯了，快救我啊！
機會給了你不止一次，是你一錯再錯啊！
唉，該是你兌現諾言的時候了！
轟
隆隆
不要啊！師尊我錯了！饒了徒兒吧！

殷郊被雷劈電擊而死。
轟隆
第二日，西岐。
各位，多年來，我們次次都是被動迎戰攻打西岐的商軍。
現在，我們反攻的時候到了！進軍朝歌！

6 姜子牙伐商

姜子牙上書西伯侯姬發：「商君無道，沉溺酒色，不理朝政，百姓身處水火，人人怨恨，天下諸侯盡反，現公推仁德天下的姬發為盟主，東進討伐商君。」
商君無道，沉溺酒色，不理朝政，百姓身處水火，人人怨恨，天下諸侯盡反，現公推仁德天下的姬發為盟主，東進討伐商君。
諸侯也從各路向朝歌進發，約好在孟津會合。
既是天下大勢，我也就不推辭了。丞相可為西岐兵馬大元帥，即刻出兵朝歌！
西岐大軍浩浩蕩蕩地向朝歌發兵。

黃
金雞嶺
周

此處是軍事要道，朝歌一定派了猛將把守這裏。
丞相，探子來報，這金雞嶺上已經駐紮了不少商軍。
丞相，我探聽回來，說是三山關總兵孔宣在此駐紮。
武成王可聽過此人？
不曾聽聞。
此人來歷不明，眾將小心。
傳令紮營，明日出戰！
第二天。
金雞嶺

孔宣
姜子牙！你們膽敢背叛朝廷，造反稱王，真是大逆不道！
將軍此言差矣。如今殷商無道，天下皆反，這是天下大勢！還望將軍棄暗投明。
竟敢口出狂言，看刀！
洪錦來會會你！

嗖——
砰
啊！
可惡！竟然傷我大將！
不和你廢話！就讓你嘗嘗本將軍的法力！
打神鞭！
呼
哈哈哈，謝謝姜丞相送的打神鞭啊！
打神鞭又能怎樣？我照單全收！
嗖——

此人確實厲害啊！
哈哈哈！都說西岐能人輩出，我看不過如此嘛！
姜子牙見勢不妙，急忙退兵了。
哪吒、雷震子，今夜你們率兵去劫孔宣的前營，黃天化劫後營！
咔
哼！本將軍對你們早有提防。

哎喲，連我的蓮花身都能收啊！
商
不好！
嗖——
我高繼能來會你！
砰
打不過就跑？休想！

嗡
嗡
嗡
噗！
哎呀！我的兒啊，你被邪術暗算致死，冤啊！

唉，這都怨我啊！
武成王，我的神鷹能吃馬蜂，明天我和你一起出陣，為大公子報仇！
哪個不想活的敢向我叫陣？
是你崇侯虎爺爺！
鐺

看大爺的馬蜂羣！
嗡嗡嗡
呼
神鷹將馬蜂吃了個精光。
啊！怎麼會這樣！
逆賊！竟敢殺害我兒子！
噗

哎呀，又損我一員大將！
崇將軍當心，此人很厲害！
將他綁好押在營中，改日和昨天那兩個一起押往朝歌。
你們一個都逃不了！
楊
此人背後能發五色光，不知是什麼妖精修煉的？

讓我用照妖鏡看看，他到底是何方妖孽！
咦？一片五彩斑斕，這是什麼妖怪啊？
照什麼照！找死啊！
鐺
鐺
鐺
哎呀，此人好厲害。還是用神光收了他吧！

不和你玩了！
砰
嗖
這人能躲過我的神光，不簡單啊！
又被孔宣捉去兩員大將！大軍困在這裏，如何是好啊？
那守將的五色光確實無法可破，我雖能不被他所捉，但也無法贏他。
連你都無法贏他，看來得另請高人。

營外來了個道長，自稱是西方準提道人，要見丞相。
有高人前來相助了，快請！
準提道人
我是來助西岐一臂之力的。
多謝師兄啊！
我就不進去了，這就去收了那個孔宣！
孔宣快快出來，貧道來收你了，免得你在這兒阻擋西岐大軍東進！
牛鼻子老道，你好大的口氣啊！
商

呼
啪
嘗嘗我神光的厲害！
你的神光奈何不了我，快快顯出原形吧！
轟

孔宣顯出原形，原來是隻孔雀。
你這傢伙雖修得一身神力，但是作惡太多。隨我前往西方極樂淨土，潛心修煉，洗脫罪孽吧！
子牙，我將他收走了，你率大軍過金雞嶺吧！
失去主將的商軍不堪一擊，金雞嶺很快就被攻破了。被俘的周將也都被解救出來了。
臨潼關。
西岐大軍勢如破竹，接連攻破了佳夢關、青龍關、汜水關，但也犧牲了許多名將。這天，大軍來到距離孟津的最後一關臨潼關。

黃飛虎一馬當先，斬殺了鎮守臨潼關的副將卞金龍。
給我落馬！
卞將軍戰死了？
歐陽淳
西岐猛將如雲，我這裏已經無人可用了，怎麼辦？
傳令下去，緊閉城門堅守，不得出戰！
主將歐陽淳連夜給朝歌寫信求救兵。

朝歌接到求救信後，即刻命大將鄧昆、芮（粵音銳）吉率兵救援臨潼關。
芮將軍，怎麼一路上都悶悶不樂啊？
芮吉
鄧昆
商
你看西岐兵馬連過數關，朝裏那些能打的都死了，我們能擋得住才怪。
大王是叫我們殺身成仁啊！
軍隊在低迷的情緒下行進。
唉，沒錯。而且，其他數百路諸侯也從四面殺往孟津，這擺明是我軍必敗啊！

臨潼關外。
擋住，給我擋住啊！
鐺
鐺
鐺
西岐的將領比傳聞中還勇猛啊！
將軍，我軍傷亡慘重，已經快頂不住了！
臨潼關內。
全軍撤回城內！

芮將軍，這
臨潼關遲早
要丟的！
是啊，還要
白白犧牲眾
多將士，不
如……
芮將軍的
意思是？
將軍和我想
的都一樣。

將軍府
哐！
什麼人？大半夜的吵什麼啊！
砰
歐陽將軍，我們要拿你去見姜丞相！
周
姜

兩位將軍深明大義，免數千將士血染疆場，是大功德啊！
丞相過獎，我二人早就想歸順西岐，一直苦於沒有機會啊！
很好，明天我們就出發前往孟津，和天下諸侯會合！
孟津

姜丞相，各處諸侯兩百多路人馬都已到齊，就差我們西岐的了。
姜文煥
嘿，想不到大家動作這麼快！
哪裏哪裏，誰不知西岐過來這裏的五關最難攻克，我們以為還要等一個月呢！
呵呵，我們太慢了，有勞各位久等了！

西伯侯到！
參見侯爺！
讓諸位久等了，慚愧。哎呀！大家怎能給我行此大禮？我受不起啊！
東伯侯不可這樣說啊，天下之主還需天下諸侯推選。
當今天下，十之八九心向西岐，等滅了殷商，西伯侯成為天下之主只是遲早的事！

侯爺就不要推辭了。
嘿嘿，東伯侯，先不要急嘛！難得大家聚得這麼齊，先得熱鬧一下啊！
對，先得歡迎我們的盟主西伯侯啊！
當夜，天下諸侯在孟津召開了盛大宴會。
朝歌。
什麼？兩百多路諸侯已經齊聚孟津？

這很快就到朝歌了。
兩百多路諸侯，這得多少人馬啊！完了，完了。
這梅山上有一位仙人叫袁洪，手下六個兄弟，個個身懷絕技，天下無敵。有這七兄弟相助，還怕那些烏合之眾？
朝歌附近有這等高人，愛妃怎麼不早說！
這有什麼？
為首的袁洪就是太貪財了，胃口很大。
袁洪
貪財算什麼啊？只要能保住寡人的天下就行！
嘿嘿，一萬兩黃金，這買賣值得做！

7 楊戩鬥妖猴

孟津
諸位，為免夜長夢多，明日我們就發兵朝歌！
報——有一路朝廷大軍正向孟津進發！
哦？殷商大廈將傾，竟然還有將領願意賣命？
姚庶良
彭祖壽
丞相，我倆領兵去殺他個措手不及！
好！趁他立足未穩，殺他一場，叫他們看看諸侯的厲害！

天兵到此，你們快快散去，免得做了冤死鬼！
哎喲喲，這是誰啊？口氣這麼大！
老大，我去把他的腦袋扭下來，省得他亂說話！
吳龍
去吧，那些話確實難聽。
吳龍爺爺來取你的頭了！

看是你的雙刀厲害，還是我威猛！
呼
哼，看起來挺兇啊！等本將變回原形，就是你的死期了！
呼
呼
啊！
呼
吳龍變成一隻大蜈蚣，將姚庶良捲起。

可惡的妖孽！敢殺害我西岐大將，看我神槍的厲害！
啊！
呼
常昊
呵呵，口氣大得不行啊，看我收拾你！

轟
哎呀，這黑煙怎麼熏得我頭暈眼花的？
哼，本仙收拾你毫不費力！
快跑啊，妖怪殺人了！
嘿嘿嘿，沒用的東西！
大軍在前方紮營。

商軍中竟有這等厲害的妖孽！
師叔，我明天出戰，為兩位將軍報仇！
西岐 姜
第二天，哪吒、雷震子、楊任等沮喪地回了大營。楊任是道德真君的弟子，眼中有手，手中長眼，有神力。
楊任
你們怎麼一個個垂頭喪氣？打敗仗了？
那些妖精打不過我們就跑，我們怎麼都抓不住。

我倒是抓住一個，但怎麼都打不死。又叫他跑了！
真是奇怪。
師叔，這次來的敵將都是修煉多年成精的妖魔，對付他們得用非常手段！
聽你意思，你有辦法？
聽說兩位將軍戰死的消息後，我就到了家師那兒，將怎樣對付妖魔問了個清楚。現在，我已查清他們的來路，找到擊敗他們的辦法了。
楊戩啊，還是你做事心細啊！
此次來的七個妖魔，全都是梅山上修煉成精的。

殺害彭、姚兩位將軍的是蛇精常昊和蜈蚣精吳龍。
還有野豬精朱子真、山羊精楊顯、山狗精戴禮，以及野牛精金大升。弟子的道法可克制這六個。
等等，一共七個，這六個你都能制住啊？
是啊，我們可一個都打不死。
不是我的道法高明，而是我能夠七十三變，又有師父賜予的照妖鏡，這樣，妖魔就無法隱藏在妖霧中了。
原來保護他們的是妖霧啊！
我就說那霧一起，怎麼就找不到他們了！

看來不是我們本領不如楊戩，是他有法寶呀！
真拿他倆沒辦法。
楊戩，還有一個你沒有説。看來非同一般啊！
師叔説得沒錯。那就是帶頭的白猿精袁洪。他神通廣大，還有七十二變玄功護體，和我不相上下。
你都這樣説，看來那真是個棘手的敵人。
運糧官鄭倫將軍剛到大營，聽説姚、彭將軍戰死的消息後，私自出戰為兩位將軍報仇去了！
哎呀！這個鄭倫，怎麼這麼魯莽！

我們快點出戰營
救鄭倫將軍吧！
請諸位師兄和我一同出
戰，楊戩一人也不是那
麼多妖魔的對手啊！
嘿嘿，他沒了
我們還是不行
呢！
人多不吃虧嘛！
楊顯
戴禮

當心，他們又放妖霧了！
咔
有照妖鏡在，你躲不了！
砰
汪汪汪！
嗖
啊！
嚓

可恨，膽敢殺我兄弟！
轟
變！
砰
哎呀！
咔
鄭倫被金大升打死了。

妖精！看我的法力！
噹
啷
啷
砰
叫你給鄭將軍償命！
啪

藍臉怪，看是你的棍厲害，還是我的強！
砰
哎呀，這白猿精好厲害！
看我的五味真火！
雷震子，我來助你！
呼
呼呼
呼

哼，雕蟲小技！
呼呼
砰
馬上送你去見閻王！
楊任！
我來和你打個痛快！
這妖孽果然是我平生遇到的最強對手。

鐺
砰
朱子真，這人吃不得，他和我一樣有玄功護體！快吐出來！
糟糕，楊戩遭暗算了！
朱子真
啊！我的肚子破了！
砰

楊戩破肚而出。
常昊、吳龍怪叫着撲向楊戩。
三眼怪，膽敢殺我兄弟，叫你償命！
嗖——
變！
變！
變！
楊戩變成一隻黑鷹，叼住常昊變的大蛇飛走了。

啪
啪
哎呀！又殺我一位兄弟啊！
嘰！
啄
啄
啄
楊戩又變成一隻公雞，將吳龍變的蜈蚣精啄成幾段。

啊，可惡啊！
給我閃一邊去！
砰
巨變！
轟

巨變！
鐺
鐺
太、太厲害了……幸好楊戩是自己人啊！
這個人好難對付，我就把他引到梅山上，伺機除掉！
休想逃走！
砰

袁洪飛到梅山，
變成了一塊大石頭。
梅山
砰！
騙不了我的，
看我化身石匠
對付你！
袁洪化作一道金光逃走。

嗖—
怎麼這麼
多白猿！
不好，怎麼感覺
渾身乏力？估計
是中了妖猴的邪
術了。
砰

危急之際，楊戩突然想起了師父玉鼎真人。
這幅《山河社稷圖》你要隨身攜帶，遇到困難時，它能助你一臂之力。
唰——
《山河社稷圖》一出，頓時山河變換，白猿都不見了。

袁洪，我在這兒！
到我的地盤還敢撒野！
袁洪不知是計，立即去追楊戩，卻被捲入《山河社稷圖》中。
我這是怎麼了？覺得天旋地轉，渾身乏力。
砰
哇！這是什麼味道？真是太香了！

這桃子好
好吃啊！
袁洪吃完桃子，
便昏睡過去。
楊戩將袁洪從《山河社稷圖》中捉出來。

周
砰
楊戩把妖猴捉住了！
妖猴殘害生靈，阻擋義師，拉出去斬了！
袁洪被斬，再無阻擋西岐大軍的障礙了，大軍即刻向朝歌進發。
周

8 武王安天下

以西岐姬發為首的諸侯大軍，浩浩蕩蕩來到了朝歌外。
歌朝
大王，城外駐紮的諸侯大軍共有一百六十萬啊！
這、這麼多啊！
城裏只有幾萬御林軍呀！
敵眾我寡，仗沒法兒打啊！
大王，現在朝中已無能征善戰的將領了。
殷破敗
滿朝文武就沒一個能為寡人分憂！

朝廷養的那些大將都去哪兒了？
怎麼辦？寡人的江山怎麼辦？
除了被大王殺了的，不是戰死就是投降西岐了。
老臣捨命前往諸侯大營，看看能否說服他們退兵。
殷老將軍真是忠臣啊！快去快去。
死馬當活馬醫吧！
姜
西岐
周

殷老將軍，此次前來不知所為何事？
姜丞相，成湯相傳至今已有六百多年，天下諸侯、百姓都是朝廷的臣民。你不思報恩，卻率領諸侯叛亂，這是何道理？
老將軍此言差矣！
天下非一人之天下，而是天下人之天下。自古至今，罪惡昭彰的君王無人能及當下商君，這等罪人，天下諸侯共討，是理所當然的。
君王有錯，做臣子的應當委曲周旋，想着進言，怎麼可以犯上作亂？我看如今天下大亂，就是你們這些人搞的！
胡說八道！

我妹妹姜皇后不是委曲周旋的嗎？怎麼被昏君殺了！
那是他們方法不對，激怒了大……
進言的大臣哪個不是慘死？
就連皇叔比干的心都被昏君挖了去！
給我閉嘴！
嚓
哎呀！東伯侯你怎麼把他殺了？兩軍交兵不殺來使啊！
丞相，對這種頑固不化的傢伙，不必講道理！
丞相，現在朝歌近在眼前，下令攻城吧！

不可魯莽！
攻城勢必會牽連百姓，我們既是義師，就不能做有損百姓的事。
那怎麼辦？
師叔，百姓受那昏君之苦已久，但有口難言。如能設法告訴城內百姓，諸侯興義師討伐昏君，解救天下蒼生，那時軍民合力，定能一舉破朝歌！
好！我親自寫一封《告萬民書》。
傳令下去，將我寫的這封信在布帛上抄寫一萬份！

第二天，姜子牙命士兵將上萬封《告萬民書》射進了朝歌城裏。
頓時，城裏大街小巷的房頂上、大樹上都紮上了帶有《告萬民書》的箭。
我早聽說西伯侯是為我們老百姓討伐昏君的。
殷商無道，這天下是該易主了。
我們打開城門，放義軍進城吧！
是啊！是啊！
請義軍入城！

第二日，朝歌百姓打開四面城門，放諸侯的大軍進了城。
周
王宮。
今天怎麼了？外面叮叮噹噹的？
什麼大事？
大、大王，出大事了！
諸侯的人馬已經殺到王宮外了。
什麼？殺進宮啦？

王宮
你、你等叛臣賊子，以下犯上，罪不可恕！
哼，罪不可恕的是你！你的幾大罪狀讓我一一道來！
你聽讒言，廢皇后，立妖妃，致皇后和黃妃慘死；遠君子，親小人；欺辱臣妻，致黃飛虎之妻自盡；終日尋歡作樂，不理國事；殘殺梅伯、比干等忠臣；還造炮烙等酷刑！

你建鹿台，大興土木，致使國庫空虛；建酒池肉林，荒淫無度；以上罪狀，簡直人神共憤！
願為天下誅此暴君！
御林軍，快給我擋住！
後宮。
姐姐，殷商的天下這下算是丟盡了。
雉雞精
嘿嘿，我們的任務算是完成了，也該走了。

再說，兩個女妖有必要我們三個都出動嗎？
哎呀，守了這麼久，也不見師叔說的狐狸精、雉雞精啊！你說，她們會不會從別的路逃走？
嗖——
嗖
別分心，女妖來了！
妖精，哪裏逃！
嗖——

鐺
鐺
妹妹，找機會逃啊！
哎呀！
休想逃！
得，又沒我們的事了。
這個死楊戩，追得好緊啊！
楊戩馬上追過去。

孽畜，哪裏去！
太好了，女媧娘娘來了，這下有救了！
把這兩個孽畜綁了，交給楊戩。
娘娘，那楊戩要殺我們。求娘娘救命！
娘娘，為何如此？我們都是按您的旨意行事啊！

我叫你們迷惑那昏君，斷送他的江山，但你們卻出盡惡毒主意，殘害忠良。這等妖孽留不得！
弟子楊戩拜見女媧娘娘。
楊戩，我已幫你拿住這二妖，你領回大營吧！
你們這兩個妖婦，實在是十惡不赦！
砰
周

你們唆使那昏君殘害忠良，耗盡國庫，罪當處斬！
姜丞相，我是蘇護之女，也是被迫進宮為妃的。你說的那些都是君王所為，與我這個弱女子何干？
說得有理啊！
蘇護可是好人啊！父子二人都在伐商途中犧牲了，殺他女兒不妥吧？
還望丞相大發慈悲，饒了小女子二人。
哼，各位不要被她騙了。
你當我不知，你是千年九尾狐狸，當年害死了蘇妲己，變成她的樣子。
咔

望丞相盡快斬了
這兩個妖孽！
推到轅門
斬了！
受死！
狐狸精，輪到
你受死了！
好哥哥，饒了
小女子吧？
這麼美的人兒，怎
麼下得了刀啊！
真沒用！
讓我來！

哥哥，難道你就捨得嗎？
當、當然捨不得啦！
哎呀，我這是怎麼了？
刀斧手都禁不住這妖精的迷惑啊！
哼，這妖孽倒是很會魅惑人。
這是陸壓道長賜我的斬仙飛刀，説此寶貝可斬九尾狐狸精。今日派上用場了。
啪

嗖——
太好了！妖孽清除了！
呼
呼
着火的方向不是摘星樓嗎？
師叔，摘星樓上有人，是昏君帝辛。
看來他是想自行了結，就如他所願，好歹叫他死得有些尊嚴吧！

寡人後悔啊，當初不聽忠言，如今眾叛親離，祖宗的江山斷送在我手裏了！
呼
呼
呼
呼
呼
轟！
呼
呼
呼
侯爺，摘星樓被燒得瓦礫無存，想必那昏君已經被燒成灰了。

帝辛雖無道，但畢竟是一國之君，找到他的遺骨，厚葬吧！他在位時，百姓受盡艱苦。我們剛到朝歌，要為他們做些實事。
臣遵旨。
即刻開倉放糧，分給百姓。
周
倉糧
侯爺！
臣捉到了昏君的小兒子武庚。

武庚
帝辛無道，和他兒子無關，快放了吧！
看看，侯爺真是心善啊！
對啊，這才是真命天子該有的品德啊！
現在昏君已誅，四海安定，當立新君以安天下軍民之心。
西伯發，西伯發！西伯發當新君！
大家不要亂講啊，我何德何能啊？
侯爺仁德四海，天下歸心，當繼王位。您看，大家都自願推舉您啊！

不妥，
不妥。
侯爺可先當天下君主，
不然會冷了大家的心
啊！如日後出現大賢，
再禪位也不遲。
侯爺就不要
推辭了。
周
天下從此
太平了。
姬發不好再推辭，便登基為天子，國號為周。

西岐
師父，封神台在十天前已建好了。
好，辛苦你們了。

師尊在上，
如今總算天下
太平了。弟子遵師
尊囑託，將那些為
了平定天下而犧牲
的將士封為神仙，
好讓後人銘記他
們的功績。
申公豹，
你來做什麼？
還想搗亂
嗎？
成湯已經敗了，
我也沒什麼和你
鬥的了。

哼！要不是你找高人阻撓，我們早就取得天下了，多少將士能免去殺身之禍啊！
你也一把年紀了，怎麼還跟個小孩子一樣喜歡鬥氣？
誰叫師父偏心眼兒，把封神榜交給你！我就是不服！
我就是愛和你鬥，怎麼了！
你！
我懶得和你計較。別礙事，快走吧！
我就是要讓你做事不順心。

申公豹，你這是
非不分的孽徒，
還敢現身！
咔
咔咔
啊，師、
師尊，饒
命啊！
黃巾力士，
給我捉住這
孽徒！
轟！

將這孽徒關押在北海極寒之處一千年，令他好好悔悟！
謝師尊不殺之恩！
子牙，辦你的正事吧！
姜子牙前後共封了三百六十五位正神，封到自己時，卻發現榜上已經沒位置了。
哈哈哈！無妨，無妨，只不過一個名字而已。

漫畫封神榜（下）

原　　著：許仲琳
編　　繪：趙鵬工作室
責任編輯：陳友娣
美術設計：陳雅琳
出　　版：新雅文化事業有限公司
香港英皇道499號北角工業大廈18樓
電話：（852）2138 7998
傳真：（852）2597 4003
網址：http://www.sunya.com.hk
電郵：marketing@sunya.com.hk
發　　行：香港聯合書刊物流有限公司
香港荃灣德士古道220-248號荃灣工業中心16樓
電話：（852）2150 2100
傳真：（852）2407 3062
電郵：info@suplogistics.com.hk
印　　刷：中華商務彩色印刷有限公司
香港新界大埔汀麗路36號
版　　次：二〇二〇年三月初版
二〇二三年四月第三次印刷

原書名：漫畫封神榜

ISBN: 978-962-08-7439-0

18/F, North Point Industrial Building, 499 King's Road, Hong Kong
Published in Hong Kong SAR, China
Printed in China